DES INDIGÈNES

DE

L'ALGÉRIE

PAR

M. LOUIS DE BAUDICOUR

PARIS

CHARLES DOUNIOL, LIBRAIRE-ÉDITEUR

AU BUREAU DU CORRESPONDANT, RECUEIL PÉRIODIQUE

RUE DE TOURNON, 29

1852

PARIS

EUGÈNE DE SOYE, IMPRIMEUR

rue de Seine, 36.

DES INDIGÈNES

DE L'ALGÉRIE

L'Algérie est devenue française ; sans doute aussi elle est appelée à devenir chrétienne. C'est probablement pourquoi Dieu nous y a conduits : or, c'est le point dont on s'occupe le moins. Depuis long-temps les soldats de Mahomet fermaient le continent africain aux lumières de l'Évangile. Aujourd'hui la barrière est rompue ; nous nous jetons dans ce pays barbare pour le coloniser, et nous ne son-geons pas à la mission qui nous est dévolue de le civiliser en lui rendant la foi.

Avant de traiter cette importante question, il convient de donner quelques notions sur les différentes races africaines en présence desquelles la conquête nous a mis. Il faut aussi parler de la guerre, car la guerre, depuis que nous sommes en Algérie, a toujours été un obstacle à la propagation de la foi. On a prétendu que les missions évangéliques compromettraient notre conquête et pourraient perpé-tuer la guerre ; il serait peut-être possible de prouver que les musul-mans de l'Algérie sont moins fanatiques qu'on le prétend, et que le Christianisme les effarouche beaucoup moins que tous ceux qui jus-qu'à présent ont exploité notre colonie ; d'où l'on arriverait à cette conclusion que c'est moins au fond la guerre que l'on craint que le moyen de la rendre plutôt inutile. Nous ne voulons pas toutefois mêler la question de guerre à la question de religion, et engager sur ce chapitre une polémique sans résultats possibles pour le mo-ment. Nous considérons la guerre en elle-même, dans ses succès, dans ses revers, dans ses avantages politiques, dans ses chances de durée ; et pour cela, comme pour le reste, il nous faut auparavant un peu connaître les indigènes de l'Algérie.

La population de l'Afrique septentrionale a subi, dans la suite des siècles, d'assez grandes transformations ; plusieurs races bien différentes s'y sont mêlées. Les auteurs anciens nous parlent des Gétules comme occupant les régions atlantiques. Lorsque les Romains sont venus fonder leur colonie dans ce pays, ils y trouvèrent les Numides. Strabon, qui écrivait quelques années avant Jésus-Christ, dit que ce peuple ressemblait beaucoup au peuple nomade de l'Arabie. Massinissa, en civilisant les Numides, leur avait donné le goût de l'agriculture, et de brigands qu'ils étaient en avait fait des soldats. Cette population aborigène finit au bout de quelques siècles par se fondre en beaucoup de points avec la population romaine, et, comme elle, par être transformée par les préceptes de l'Évangile ; mais bientôt les Vandales, avec l'hérésie d'Arius, vinrent mettre le trouble dans cette chrétienté. Elle avait déjà singulièrement déchu, lorsque survint l'invasion arabe qui opéra dans le pays une métamorphose complète. Les Turcs vinrent ensuite sans amener de grands changements. Enfin nous sommes arrivés à Alger, et voilà plus de vingt ans que nous y sommes installés.

Pour ne pas pousser trop loin nos investigations sur les différentes races indigènes, prenons les choses où elles en étaient au moment de l'occupation française. Nous trouvons alors sur le territoire algérien quatre races bien distinctes : les *Turcs*, les *Arabes*, les *Kabyles* et les *Nègres*. On pourrait y ajouter les *Juifs ;* quoiqu'ils n'appartiennent spécialement à aucun pays, il semble que l'Algérie ait pour eux un attrait particulier.

DES TURCS.

Les Turcs, lorsque nous sommes venus en Afrique, étaient les derniers conquérants du pays ; ils occupaient toutes les villes du littoral et même celles de l'intérieur qui n'étaient pas trop éloignées de la côte ; ils s'inquiétaient peu des progrès de l'agriculture et de la prospérité du commerce. Toute leur préoccupation était sur mer d'exercer la piraterie de la manière la plus avantageuse, et sur terre de percevoir le plus possible d'impôts. Ils tiraient parti des pauvres chrétiens qu'ils faisaient captifs en les employant comme esclaves aux travaux les plus pénibles. Quant aux indigènes sur qui s'exerçait leur domination, une fois que l'impôt était recueilli et qu'ils les avaient pressurés, ils les laissaient parfaitement libres, sans songer à modifier ni leur croyance ni leurs usages.

Les Turcs en Algérie ne formaient guère qu'une armée d'occupation; c'était plutôt des soldats que des colons. Jamais ils n'y amenaient de femmes; quelques-uns cependant formaient des alliances dans le pays, et de ces unions il est résulté une race particulière d'indigènes du nom de *Coulouglis*.

Par le seul fait de l'occupation française, les Turcs n'avaient plus rien à faire en Algérie; ils n'avaient plus d'impôts à percevoir, plus de piraterie à exercer. Obligés de rendre les armes, soldats licenciés, ils n'avaient rien de mieux à faire que de partir pour quelque autre pays ottoman ; c'est le parti qu'ils prirent immédiatement presque tous, et les plus riches eux-mêmes, après avoir vendu à vil prix tout ce qu'ils possédaient, s'embarquèrent pour Alexandrie ou Tunis. Cette dernière ville surtout prit de cette émigration un accroissement considérable. Nous n'avons donc plus de Turcs en Algérie; habitués à la domination, l'orgueil des plus riches aurait trop souffert du niveau qui allait s'étendre sur tous les vaincus, et les autres, population toute parasite, devaient désormais être privés de leurs moyens d'existence. Il n'est plus resté que des Coulouglis qui, par leurs mères, tenaient au pays.

Les Coulouglis mahométans, comme les Arabes, ont cependant un rit différent; tandis que ces derniers sont tous de la secte Maleki, ils sont, eux descendants des Turcs, attachés à la secte Hanefi ; c'est là ce qui constitue la principale différence des Coulouglis et des autres indigènes de l'Algérie. Dans la plupart des villes ils ont encore des mosquées différentes, des muphtis et des cadis particuliers; la différence des deux sectes est tout extérieure. La principale dissidence est que dans l'une on prie les bras étendus, et que dans l'autre il faut les croiser sur la poitrine. Du reste, les Coulouglis ne sont ni plus pieux ni moins sévères que les autres mahométans; on ne les rencontre guère que dans les villes, et ils y ont les mêmes usages que les Arabes; leur physionomie, toutefois, est un peu différente, leurs traits ont plus de noblesse, leurs allures sont plus fières; ils paraissent plus francs et plus ouverts que les autres, mais il semble qu'avec plus de bonne foi ils ont un fanatisme plus aveugle. Malgré leur fierté, ils n'ont aucune morgue aristocratique; ils n'attachent que très-peu d'importance à une naissance plus ou moins distinguée. En effet, du temps des Turcs, le plus modeste des artisans aurait pu arriver au pouvoir suprême ; les deys se plaisaient même à tirer leurs favoris des classes les plus inférieures. Comme chez eux l'éducation n'est pas nécessaire pour devenir grand seigneur, une telle manière d'agir n'offusquait personne : le dernier pacha Hussein Dey était un ancien boucher.

DES ARABES.

Les Arabes de l'Algérie se divisent en deux portions bien tranchées, d'une part *les Maures*, de l'autre *les Bédouins ;* les Maures habitent les villes, les Bédouins la campagne, c'est là toute la différence, et cependant elle est immense; il en est résulté, à la suite des siècles, de grandes transformations d'habitudes.

Le Maure est essentiellement marchand ; c'est pour lui la profession la plus honorable, et encore maintenant, pour nous faire honneur, il ne nous aborde qu'en nous appelant *mercanti*. Tous les Maures, quelle que soit leur position ou leur fortune, se livrent au commerce; tous ceux qui en ont le moyen ont une petite boutique garnie d'étoffes, d'essences, d'épiceries, de comestibles quelconques, et vont s'y établir toute la journée ; très-souvent ils ne vendent rien, mais ils ont l'agrément de voir les passants ; ils arrêtent ceux qu'ils connaissent, leur offrent du café, s'informent des nouvelles. Du reste, ils en prennent à leur aise. S'ils veulent aller au bain ou faire quelque autre course, ils laissent leur boutique ouverte aux soins du voisin. Tout se passe dans ces bazars maures, absolument comme en famille ; ce sont de véritables cercles où l'on vient passer les heures de la journée qui seraient beaucoup trop longues et trop ennuyeuses dans l'intérieur des maisons, fermées hermétiquement à tout visage étranger.

Les pauvres femmes mauresques sont dans une ignorance si complète, qu'elles ne sont d'aucune ressource pour leurs maris ; elles n'ont idée de rien, et ne savent guère s'occuper que de leur toilette. Elles s'imaginent être beaucoup plus belles quand elles ont teint leurs sourcils et moucheté leur visage, quand leurs mains et leurs pieds sont couverts d'une épaisse couche de couleur jaune, quand, enfin, leurs ongles brillent d'un beau noir d'ébène. La seule distraction de ces infortunées est d'aller aux bains maures, et de passer là ensemble toute une demi-journée dans une vapeur suffocante.

Les Maures qui ont quelque aisance s'en vont l'été à leurs maisons de campagne ; ils n'abandonnent pas pour cela leurs boutiques, ils s'y rendent chaque matin sur leur mule pour s'en retourner le soir. La mule est la monture de prédilection des Maures ; elle va mieux que le cheval à leurs habitudes pacifiques.

Maintenant, quelle est l'origine des Maures ? Évidemment leur nom vient du pays qu'ils habitent, qui, sous les Romains, s'appelait *Mauritanie*. Toutefois, il est difficile de croire que ce soient les anciens habitants du pays ; on ne les trouve guère que dans les villes et surtout les villes du littoral. Ils nous apparaissent bien plutôt comme les débris de l'ancien empire des Maures d'Espagne. Mais ceux-ci étaient les Sarrazins, les Arabes de l'invasion. Peut-être à leur passage par les Mauritanies ont-ils entraîné avec eux en Europe les habitants de ces contrées. Rien ne l'indique, et il est probable que le nom de Maures donné aux Sarrazins d'Espagne venait uniquement du dernier pays qu'ils avaient traversé, et où leur domination avait fini par se concentrer. Les Maures, en effet, n'ont d'autre langue que la langue arabe, et il n'y a pas chez eux le plus petit vestige d'un idiome primitif. Selon toutes les probabilités, les Maures ont donc une origine commune avec les Arabes ; mais le fait est qu'il existe maintenant entre eux très-peu de sympathie. L'Arabe, proprement dit, méprise le Maure autant que celui-ci le dédaigne. Pour le Maure citadin, l'Arabe n'est qu'un vil paysan, c'est un Bédouin ; pour l'Arabe de la plaine, le Maure n'est qu'un marchand de poivre, comme nous dirions un épicier.

On conçoit facilement que les Maures d'Espagne, en contact continuel avec les chrétiens dans un pays riche et fertile, ont dû perdre de leurs habitudes du désert. Aussi, quand, repoussés de l'Europe, ils sont venus se réfugier dans les villes du littoral de l'Afrique, ils ont dû revenir là avec des mœurs toutes changées. Cela explique comment il y a plus de différence entre les Arabes de la plaine et les Maures, qu'entre ces derniers et les Turcs, qui, cependant, sont d'une autre origine.

Les Arabes proprement dits, les Bédouins, si l'on veut, ont conservé leurs mœurs primitives. En entrant dans une tribu arabe, on se croit reculé, non pas seulement de plusieurs siècles, mais bien de plusieurs milliers d'années ; il semble que l'on soit encore au temps d'Abraham et de Jacob. Ces braves Arabes de nos côtes d'Afrique, si modifiés qu'ils puissent être par le Coran, nous représentent parfaitement ces saints patriarches qui, selon la description de la Bible, parcouraient paisiblement les riches plaines de la Mésopotamie.

L'Arabe est essentiellement nomade ; il tient peu à telle ou telle portion du sol ; il n'a pas de propriété particulière ; il se confine dans certains cantonnements et les parcourt selon son caprice. Il ne cultive de terre que ce qui est absolument nécessaire pour pourvoir à sa nourriture : il choisit le champ où il pourra le plus facilement tracer des sillons ; et si sa charrue rencontre des broussailles ou des pierres, il tourne l'obstacle ; l'enlever, ce serait fatigue sans grand profit, car, peut-être, l'année prochaine sa tente sera-t-elle plantée plus loin, et confiera-t-il à un autre champ le grain qui devra le nourrir. Pour l'Arabe, la terre est à tous ; il n'y attache donc que peu de prix. Sa richesse particulière consiste dans ses troupeaux ; il est pasteur, et le lieu qu'il recherche davantage est le pâturage le plus fertile. Ne tenant point au sol, n'ayant rien à compromettre, pouvant transporter avec lui tout son bien, il ne doit pas attacher une très-grande importance à la paix. Aussi l'Arabe est-il naturellement belliqueux. S'il ne peut participer à de grandes guerres, il se contente de faire du brigandage. Quand on ne le rencontre pas la houlette à la main, on le trouve monté sur un rapide coursier et armé de toutes pièces pour le combat. Cavalier et pasteur, voilà le vrai type arabe, le double aspect sous lequel se présentent les fidèles disciples de Mahomet, son peuple par excellence.

L'organisation des Arabes est conforme au génie qui leur est propre. Ils ne sont pas divisés par territoires, mais bien par tribus. Chaque tribu ou agglomération d'hommes est divisée en douairs (sections), qui ne sont qu'un des composés d'un plus ou moins grand nombre de familles, où chaque individu en état de porter les armes doit marcher à la première réquisition de celui qui commande. La tribu est une espèce de légion qui se mobilise selon les besoins de la guerre, ou pour mieux dire selon le caprice des chefs. Les chefs arabes ont presque toujours à gagner dans les guerres, car il leur advient la plus grande part dans le butin ; tous les gens de leur tribu ne sont que des vassaux qu'ils exploitent de leur mieux, soit en leur faisant porter les armes, soit en en retirant des impôts. Les tribus arabes de l'Algérie, comme toutes les autres, ont donc été continuellement en guerre, les unes contre les autres et contre les populations fixées au sol.

Quelques-unes de ces tribus arabes sont très-puissantes ; ainsi la tribu des A'mour est forte de six cents chevaux et compte trois mille fantassins. La tribu des H'amïan peut mettre deux mille chevaux sur pied ; elle se subdivise, comme beaucoup de tribus importantes, en deux grandes fractions : les H'amïan-Cheraga, ceux de l'est, et les H'amïan-Gharaba, ceux de l'ouest ; chaque fraction a son cheikh ou chef particulier.

« Les H'amïan, nous dit le général Daumas dans son ouvrage du « *Sahara algérien*, possèdent d'immenses quantités de moutons, « beaucoup de chevaux, et surtout des chameaux ; les riches en ont « jusqu'à deux mille ; le plus pauvre en a deux au moins. Dans le « désert, ces troupeaux ne paissent pas confusément ; ils sont divi- « sés, les moutons par groupes de quatre cents, et chacun de ces « groupes prend le nom de *a'ca*, mot qui signifie proprement le bâ- « ton d'un berger, et qui représente ici la quantité de moutons con- « fiés à la garde d'un individu. Les chameaux sont divisés par « groupes de cent têtes appelés *ybel* ; il n'est pas rare de trouver des « Arabes riches de vingt *a'ca* (huit mille moutons), et de quinze à « vingt *ybel* (quinze cents à deux mille chameaux.)

« Un H'amïan nous disait : « Ce que nous aimons le mieux au « monde, c'est le lévrier, l'oiseau de race, le faucon, la femme, la « jument. »

« A la guerre et dans leurs chasses, ils montent de préférence des « juments ; elles supportent mieux que les chevaux, disent-ils, la « soif, la faim et la fatigue. Les poulains sont vendus dans le Tell.

« Ils chassent avec des meutes de lévrier l'autruche, la gazelle, « l'arouï, le begar-el-ouach, espèce d'antilope qui a quelque ressem- « blance avec un veau. Le petit gibier se chasse au faucon.

« Comme les Sidi-Cheikh, les H'amïan se distinguent par la beauté « de leur race et le luxe de leurs vêtements ; leurs femmes sont, « elles aussi, fort belles et très-parées : elles portent des bracelets « de pieds et de mains, des colliers en pièces de monnaie, en corail « ou en clous de girofle, des bagues en argent, en or ou en cuivre. »

Les tribus arabes, quelles que soient leurs richesses, vivent toujours sous la tente. Les Arabes répètent souvent : « Nous aimons les « chants, la musique, les femmes, la poudre, et par dessus tout l'in-

« dépendance. » Or, pour des gens qui aiment l'indépendance, nulle habitation n'est plus convenable qu'une tente : d'un moment à l'autre, quand on veut voyager, on peut la rouler et la mettre sur le dos d'un chameau. Le mobilier de ces habitations arabes n'est pas considérable ; on se couche sur des nattes ; on s'assied les jambes croisées sur des tapis. L'eau nécessaire, le lait des troupeaux se versent et se conservent dans des outres de cuir ; chacun mange à la gamelle avec ses doigts. On n'a pas besoin, par conséquent, de beaucoup d'ustensiles de ménage ; le même plat ou la même corbeille peut contenir le repas de toute une famille, et le même pot, circulant de bouche en bouche, suffit pour étancher la soif de beaucoup de convives. La partie du mobilier la plus lourde à emporter est la paire de meules qui sert à faire de la farine pour le couscoussou. Cependant les chef arabes ont quelquefois des richesses mobilières et des approvisionnements trop considérables pour les proportions d'une tente ; alors ils bâtissent des maisons, ils y serrent leurs grains, ils y déposent leurs richesses, ils y envoient leurs fils pour ne pas les laisser à l'abandon ; mais ils ont bien garde d'aller les habiter eux-mêmes. Un véritable Arabe ne peut respirer entre des murs et sous un toit ; il lui faut de l'air et de l'espace. Le jour, il n'a besoin que de l'abri d'un caroubier ; la nuit, il aime à contempler les astres et à admirer la splendeur du firmament.

Le véritable type arabe se trouve surtout dans l'intérieur et au delà du Tell, entre les oasis du Sahara. C'est là que se sont mieux conservés les instincts primitifs de ce peuple éminemment vagabond. Ils se livrent à leur aise à la vie pastorale, et jamais ne cultivent la terre. Ils se croiraient déshonorés de descendre au travail du jardinage. « Nos pères, disent-ils, n'ont jamais touché la terre ; « nous ferons comme eux. »

Les tribus arabes du Sahara, riches en chameaux, les louent aux marchands voyageurs ou en font elles-mêmes le métier. Elles achètent dans les villes d'entrepôt les objets de première nécessité, et de luxe même, qui y ont été apportés, soit de Tunis, soit d'Alger, et vont les revendre dans le Sahara. La tribu des Ouled-Naïd, qui se trouve sur la ligne intermédiaire du Tell et du Sahara, est admirablement située pour faire ce colportage ; aussi, quoiqu'elle puisse lever de nombreux cavaliers, il semble que ses penchants soient plutôt industrieux que guerriers.

Certaines tribus, soit parce qu'elles sont moins riches que les autres, soit parce qu'elles se trouvent sur le passage des caravanes,
se livrent au brigandage ; des espions sont disséminés dans toutes les
oasis, les informent de l'arrivée d'une caravane, de l'importance de
son chargement, du nombre de cavaliers qui l'accompagnent, de la
direction qu'elle doit prendre. De leur côté, les chameliers ont aussi
des gens roués au métier qui les avertissent du danger. Si le péril
est imminent, et si la caravane est trop faible, elle attend dans l'oasis
où elle est campée un mois ou deux mois, six mois au besoin, jusqu'à ce qu'il arrive une autre caravane pour la renforcer, ou que,
fatiguée de l'attendre, la bande arabe ne se soit éloignée. Mais une
fois que des Arabes ont flairé leur proie, ils luttent de patience ; ils
feignent la retraite, décampent à grand bruit, laissent un homme
couché dans le sable ou couvert de branches comme un buisson, et
restent tout le jour dans l'immobilité la plus complète, puis ils re-
viennent la nuit, au grand galop de leurs chevaux, interroger leur
védette. Ils manœuvrent ainsi pendant des mois entiers. Quand la
caravane, reprenant confiance, s'est mise en marche, dès qu'ils dé-
couvrent à l'horizon de la grande plaine un nuage de sable, ils s'é-
lancent dans cette direction, et bientôt une lutte horrible s'engage.
Les oasis du Sahara ne seraient pas à l'abri de ce brigandage si les
Arabes n'étaient, pour leurs besoins, obligés d'y venir commercer :
dès lors, la crainte de se voir interdire les marchés ou de s'exposer à
des représailles les arrête. Aussi ces Arabes ne se permettent-ils
d'attaquer les paisibles habitants du Sahara que comme auxiliaires,
et pour le compte des habitants d'une oasis, quand ils ont des ven-
geances à exercer contre ceux d'une autre oasis.

Parmi les tribus arabes, on distingue les *Cheurfa*. Les Cheurfa sont
des tribus privilégiées : le mot schériff, singulier de Cheurfa, signifie
descendant de Mahomet. Il y a des tribus de Cheurfa sur tous les
points de l'Afrique ; elles représentent la haute aristocratie du pays
et jouissent d'immenses priviléges. Un schériff, si pauvre et si sale
qu'il soit, est vénéré des Arabes de toute classe, et jamais on ne
voudrait le voler ni lui faire tort en quoi que ce soit. Le général de
Bourjolly raconte qu'il chargea un jour un schériff de porter ses dépêches. Ce schériff partit ; mais surpris en route et dépouillé de sa
valise, il revint bientôt au camp et raconta sa mésaventure. Tandis
que le général s'occupait à faire le duplicata de ses dépêches, on vit

arriver en toute hâte un Arabe apportant la valise intacte, parce
que, disait-il, informé qu'elle avait été prise, sans le savoir, à un
schériff, on s'était vu dans l'obligation de la rendre. On peut juger
par là de l'influence des schériffs sur les Arabes.

Les femmes arabes de l'intérieur ne se voilent pas le visage avec
autant de précaution que les Mauresques. Du reste, elles s'éloignent
peu de leurs tentes ; les plus jeunes sont ménagées comme le sont
les chevaux de prix ; mais à mesure qu'elles vieillissent, elles
perdent leurs priviléges et sont appliquées aux plus rudes travaux
du ménage. On les envoie chercher de l'eau et on les fait tourner
sans interruption les meules à farine. C'est une pitié de voir ces
pauvres femmes fatiguant leurs bras décharnés, tandis que leurs
jeunes filles sont étendues nonchalamment, fument des cigarettes
ou s'occupent des futilités de leur toilette. Chez les Arabes, la femme
n'est qu'une servante qui obéit au chef de la famille. Le fils, même
du vivant de son père, est un objet de respect ; à sa mort, il hérite
de toute son omnipotence. Quand un enfant devient le chef de la
famille, sa mère est obligée de condescendre à ses moindres ca-
prices ; elle n'a sur les autres esclaves que le privilége de lui avoir
donné le jour.

Une fois, nous rencontrâmes un jeune Arabe, monté sur un beau
coursier et couvert de riches habits ; il voyageait tranquillement, au
grand pas de sa bête ; une vieille femme, chargée d'un lourd fardeau,
pressait sa marche en avant, un peu sur le côté. Le jeune Arabe n'a-
vait pas voulu trop charger son cheval ; cependant, par pitié pour la
vieille, et dans la crainte peut-être qu'elle ne succombât, il avait at-
taché une petite corde à son fardeau, et en tirant à lui, du haut de
sa monture, allégeait un peu les épaules de cette pauvre femme :
cette femme était sa mère !

Ailleurs, passant par-devant une tribu, nous remarquions de
jeunes enfants jouant entre eux ; l'un d'eux était altéré ; il va trouver un groupe de femmes assises dans le voisinage, et étanche sa
soif au sein de la première venue. La femme, impassible, n'y faisait
pas attention ; seulement elle jeta un cri de douleur quand l'enfant,
la quittant trop brusquement, la blessa par la précipitation de ses
mouvements.

Le Coran a réduit la femme à la dernière des abjections ; elle n'a
pas même l'honneur de pouvoir entrer dans une mosquée ; elle n'est

pas digne de prier avec les fidèles croyants ; d'ailleurs le pourrait-elle, puisqu'elle n'a point d'âme, pas plus que les animaux ? C'est une bête de service, un instrument de plaisir ; on la laisse végéter et porter ses fruits.

Les Arabes ont une finesse de sens extraordinaire ; leur œil perce l'horizon à des distances immenses ; leurs oreilles recueillent les bruits les plus lointains ; il leur suffit de flairer le sable pour reconnaître, sans jamais se tromper, et quels que soient l'obscurité de la nuit, le lieu où ils se trouvent. La teinte plus ou moins foncée du terrain leur indique où gît un filet d'eau et à quelle profondeur. Le général Daumas, dans l'ouvrage du *Sahara algérien*, raconte la conversation d'un Arabe à cet égard ; elle est sans doute exagérée ; mais elle donne néanmoins une idée de l'aptitude des gens de sa race :

« Je passe, disait-il, pour ne pas avoir une très-bonne vue ; mais je distingue une chèvre d'un mouton à un jour de marche. J'en connais, disait-il encore, qui, à trente lieues, dans le désert, éventent la fumée d'une pipe ou de la viande grillée. Nous nous reconnaissons tous à la trace de nos pieds sur le sable, et quand un étranger traverse notre territoire, nous le suivons à la piste ; car pas une tribu ne marche comme une autre ; une femme ne laisse pas la même empreinte qu'une vierge. Quand un lièvre nous part, nous savons à son pas si c'est un mâle ou une femelle, et dans ce dernier cas, si elle est pleine ou non ; en voyant un noyau de datte, nous reconnaissons le dattier qui l'a produit. »

Essentiellement sensuels, les Arabes sont passionnés pour les plaisirs ; ils sont paresseux, avares, égoïstes et à la fois très-orgueilleux. En tout ils ne considèrent que leur avantage personnel et ne cherchent que des jouissances.

C'est la paresse qui empêche les Arabes d'avoir du goût pour l'agriculture et leur fait préférer la vie pastorale. Ils peuvent s'asseoir et croiser leurs bras en gardant leurs troupeaux. Leur paresse est telle, que lorsqu'ils ont besoin de bois, pour s'éviter la peine de couper les broussailles et d'ébrancher les arbres, ils mettent le feu à toute une forêt : quand l'incendie a fait ses ravages, ils débitent à leur aise les gros troncs qui restent, ils ramassent sans peine le charbon produit par les branches.

Leur avarice l'emporte sur leur paresse ; ils feront quelquefois plusieurs lieues pour économiser un sou ; ils n'hésiteront pas à faire un grand voyage pour réaliser le moindre petit gain. Il n'y a que les Juifs qui puissent commercer avec eux, supporter leurs lésineries et leurs hésitations ; les marchands européens finissent par s'en impatienter et les mettent à la porte de leurs magasins. Quand des Arabes sont réunis, il est rare que leur conversation roule sur autre chose que sur l'argent : les douros sont pour eux le sujet favori et inépuisable de toutes les causeries. Les Arabes cachent soigneusement leur argent sous leurs vêtements ; souvent même, ils le placent dans leur bouche. Il n'est pas rare de voir un Arabe dans l'aisance tendre la main pour ne pas dépenser l'argent qu'il a sur lui. On se figure que les Arabes sont sobres, parce qu'ils savent se priver de nourriture : ils n'agissent ainsi que par avarice ; ils sont, au contraire, très-gloutons toutes les fois qu'ils ne sont pas obligés de payer leurs vivres, et avaleraient un mouton sans désemparer. Quelques colons, les voyant peu manger, ont cru faire des économies en se chargeant de les nourrir comme les ouvriers européens et ont été tout étonnés de les voir dévorer cinq ou six livres de pain par jour.

Une seule chose chez les Arabes triomphe de l'avarice : c'est l'amour du plaisir. A chaque instant on voit les plus misérables organiser des fêtes ; ils convoquent près leur habitation tous leurs voisins, font venir des danseuses et passent la nuit à admirer leurs mouvements, plus lascifs que gracieux. Leur bourse alors, qui les suit partout ; est forcée de s'ouvrir ; ils en tirent, l'une après l'autre, toutes les pièces de monnaie, et, après les avoir humectées de leur salive, ils vont les coller sur le visage de la triste danseuse qui les électrise. Quand ses joues et son front en sont couverts, elle les secoue dans une écuelle placée à ses pieds, et après quelques minutes de danse, la cérémonie recommence avec les autres assistants. Chaque application de monnaie est un triomphe pour la danseuse ; il est salué par les hourras des femmes légitimes, que la pudeur tient renfermées dans les gourbis et qui ne participent au spectacle que par les fentes de ces pauvres demeures.

Souvent les fêtes arabes ont pour principal mobile la vanité ; elle se manifeste alors par des exercices d'équitation et par des repas. L'expression la plus simple d'une réjouissance est la *fantasia*. Quand les Arabes veulent rendre honneur à quelqu'un, du plus loin qu'ils

l'aperçoivent, ils fondent sur lui ventre à terre ; arrivés à quelques
pas, ils font à ses pieds une décharge de leurs armes ; au même
instant, ils s'arrêtent court, puis, lançant en l'air leurs longs fusils,
font volte-face et s'éloignent, pour recommencer cinq minutes après.
Ce manége, plusieurs fois répété, s'appelle faire la fantasia.

Après la fantasia, vient la *diffa*, repas plus ou moins somptueux,
selon l'étranger à qui l'on fait honneur. La diffa se sert sur un tapis,
sous la tente ou à l'ombre d'un grand arbre. Elle se compose
d'énormes plats de couscoussou, parsemés de quartiers de volaille
ou de morceaux de mouton, de crêpes nageant dans le miel, de
fruits secs de toute espèce et de lait. Le café complète cette copieuse
collation. Quand les voyageurs sont des personnes de distinction,
le chef seul de la tribu mange avec eux ; des serviteurs se tiennent
sur le côté, portant, suspendus à des bâtons, les squelettes des qua-
drupèdes dont les morceaux figurent sur les plats. Les personnes
invitées à une diffa doivent manger, même sans avoir appétit ; autrement elles feraient injure à leur hôte. Quoi qu'il en soit, les
restes d'une diffa sont toujours abondants ; mais à peine les convives
partis, ils disparaissent en quelques secondes sous la dent des gens
de la tribu.

Les Arabes mettent dans leur hospitalité la plus grande ostenta-
tion possible. Ils tiennent, du reste, très-peu à obliger un voyageur.
Ils rencontreront sur leur chemin un homme renversé de son cheval,
ils poursuivront leur route sans lui tendre la main pour l'aider à se
relever, sans s'arrêter un seul instant ; ils ne feront que se détourner,
comme s'ils avaient une pierre devant eux. Ils verraient un homme
expirer dans la souffrance sans jeter sur lui un regard compatissant.

Ces défauts sont rachetés par quelques qualités. Les Arabes ont
un sentiment profond de la divinité. Toutefois ils n'ont pas pour
Dieu plus d'amour que pour les hommes ; ils craignent Dieu plutôt
qu'ils ne l'aiment, et, dans leur aveuglement, ils mesurent sa gloire
sur les choses extérieures qui les touchent. Leurs actes de piété sont
des espèces de marchés pour apaiser son courroux. Il leur arrive
souvent de violer les préceptes du Coran ; jamais ils ne manquent
de faire leur rhamadan ; car, selon eux, cette pénitence, quand elle
est faite avec exactitude, a pour effet de racheter tous les crimes.
Pendant un mois entier ils jeûnent jusqu'au coucher du soleil, tout
en se livrant la nuit à de complètes orgies. Mais le jour, une goutte

d'eau qui tomberait sur leur langue, la fumée du tabac qui atteindrait leurs lèvres suffiraient pour rompre le rhamadan ; il faudrait recommencer.

Avec une piété tout extérieure, les Arabes ont une très-grande superstition. Ils se couvrent de talismans eux et leurs bêtes ; ils croient aux sortiléges et expliquent par là tout ce qu'ils ne comprennent pas. Qu'un Arabe revienne de France et raconte aux gens de sa tribu la merveilleuse rapidité des chemins de fer, un ancien s'écriera que rien au monde ne peut aller plus vite que son cheval, et, sans contester la bonne foi du voyageur, lui répondra que, pendant qu'il était en France, il avait un sortilége sur les yeux.

Parmi les vertus arabes, il en est une toutefois sur laquelle on ne peut contester. Les Arabes sont patients et résignés : la résignation du reste est la vertu par excellence de tous les Mahométans : *muselem,* en arabe veut dire résigné. En prenant le nom de Musulmans, il semble que les disciples de Mahomet veulent s'honorer de la principale vertu qui les caractérise. Leur farouche fanatisme plie devant la résignation. Si nous les avons vus s'agiter à notre arrivée, c'est qu'ils ne prenaient pas notre domination au sérieux. Ils n'ont laissé débarquer nos troupes que pour faire un plus complet massacre de chrétiens ; ils n'ont vendu aux premiers aventuriers les terres de leurs tribus que pour extorquer leur argent et parce qu'ils pensaient bien qu'ils ne pourraient jamais venir les occuper. A l'apparition d'Abd-El-Kader, ils se sont plus que jamais exaltés en prenant confiance dans l'avenir. Nos hésitations plus que nos conquêtes ont entretenu leur fanatisme, et il ne s'éteindra complétement que le jour où ils demeureront convaincus que la volonté d'*Allah,* de Dieu, est que les Français restent perpétuellement les maîtres du pays. Ils l'avouent eux-mêmes, et vont jusqu'à dire qu'ils se feraient chrétiens, s'ils étaient bien sûrs des nouvelles destinées de l'Algérie.

DES KABYLES.

On évalue à 1,500,000 âmes la population arabe de nos possessions africaines, y compris les Maures, qui occupent les villes, et dont le nombre ne s'élève plus guère aujourd'hui qu'à 100,000. Mais derrière cette population arabe et souvent au milieu d'elle, sur des étendues immenses qui ne sont pas occupées par des tribus, on trouve une population beaucoup plus compacte, trois ou quatre fois plus forte et qui se compte par millions.

On a longtemps confondu les Kabyles avec les Arabes ; cependant les Kabyles ne sont pas Arabes, ils sont loin de leur ressembler.

Les Arabes ont les cheveux et les yeux noirs ; les Kabyles ont souvent les yeux bleus et généralement leur teint est plus blanc que celui des Arabes. Les Arabes ont le visage allongé et le cou long ; les Kabyles ont le visage carré et la tête rapprochée des épaules. Les Arabes se couvrent excessivement la tête, par dessus plusieurs calottes, ils portent un *haïk* ou espèce de voile maintenu par des cordes de chameau, ils aiment aussi à être chaussés ; les Kabyles vont le plus souvent nu-tête et nu-pieds. Les Arabes sont ordinairement enveloppés de leur burnous et ne l'ôtent que pour travailler ; le burnous est pour les Kabyles une chose de luxe qui se transmet de père en fils. Les Kabyles sont ordinairement vêtus d'une simple tunique de laine et couvrent le bas de leurs jambes d'espèces de guêtres ; quand ils travaillent, ils mettent un grand tablier de cuir, et dans cet accoutrement ressemblent assez à nos anciens forgerons.

Tandis que les Arabes sont paresseux, les Kabyles aiment le travail ; ils vont le chercher au loin comme les Savoyards et les Auvergnats. On n'avait encore jamais pénétré dans leurs montagnes que déjà ils affluaient sur la place d'Alger, et servaient de manœuvres à nos maçons européens.

Le Kabyle est plus sobre que l'Arabe : deux sous de pain lui suffisent pour sa nourriture ; mais tandis que l'Arabe, selon son âge, dépense follement pour ses plaisirs tout ce qu'il gagne ou thésaurise avec passion, le Kabyle commence par acheter ce qui lui est utile : d'abord un fusil, puis un bœuf, puis une femme ; ce qui lui reste après, il le place avec intérêt.

L'Arabe aime passionnément les chevaux ; sa plus grande ambition est d'être bien monté ; il consacrera plusieurs milliers de francs à l'acquisition d'un cheval ; il donnera tous les douros de sa bourse pour pouvoir mettre entre ses jambes un quadrupède quelconque. Faute de mieux, il prendra un petit âne, dont quelquefois les jambes ne suffiront pas pour enlever les siennes au dessus du sol. Qu'importe ! il les tiendra diagonalement, en se plaçant sur la croupe du pauvre animal. Le Kabyle a moins de goût pour l'équitation, et il a une aversion extraordinaire pour les ânesses. Il met son luxe dans ses armes, qu'il tient toujours brillantes, à la différence des Arabes, qui les ont toujours rouillées, en prétendant qu'elles font néanmoins leur service.

L'Arabe est vaniteux, arrogant, servile et faux. Le Kabyle est fier, simple, déteste le mensonge et a un sentiment profond de dignité. Tandis que l'Arabe s'incline presque jusqu'à terre pour baiser la main du chef qu'il respecte ou de l'ennemi qu'il craint, le Kabyle le plus misérable exigera qu'on lui rende le moindre salut, et poussera même à cet égard la susceptibilité jusqu'à coucher en joue le marabout le plus vénéré qui se permettrait avec lui un retard de politesse. L'hospitalité chez le Kabyle, même le plus riche, n'a rien de fastueux, mais elle est cordiale.

Le Kabyle ne croit pas aux sortiléges, ni à l'efficacité des amulettes, mais il craint les démons ; il ne sort jamais la nuit sans les conjurer, au nom du Dieu puissant ; il évitera les endroits où le sang a été répandu, car les démons aiment le sang, et là où le sang a coulé, ils ont dû se donner rendez-vous. Les Kabyles ont pour la vie de l'homme le respect que n'ont pas les Arabes : pour la moindre chose, un chef arabe fait trancher une tête. Il se croit le droit de disposer de la vie de ses semblables comme d'un bien, dès le moment qu'il y trouve profit et avantage. Un chef arabe aura une somme importante qu'il voudra cacher, il choisira un homme de sa troupe, lui chargera son trésor sur les épaules, cheminera avec lui à travers des sentiers détournés ; quand il sera parvenu dans un lieu solitaire, il fera creuser un trou à son serviteur, lui fera enterrer son trésor, puis, quand l'opération sera terminée, pour éviter toute indiscrétion, il tirera son yatagan et lui tranchera la tête.

Un Kabyle attente bien quelquefois à la vie de son semblable ; il le fait par haine, par vengeance, mais il ne le fait jamais de sang-froid, et il ne se croit pas le droit d'immoler un homme comme du bétail, soit dans son intérêt privé, soit même dans l'intérêt public.

Les Kabyles font la guerre quand leur territoire est attaqué ; ils la font par représailles et par vengeance, mais jamais pour envahir un territoire qui ne leur appartient pas et pour piller le bien d'autrui. En général ils ne provoquent pas, et lorsqu'ils arrivent sur le champ de bataille, ils ont soin de prévenir leur ennemi ; puis, quand l'affaire est engagée, ils ne reculent que lorsqu'ils y sont contraints

par une force supérieure; ils auraient honte de fuir. Leurs femmes,
qui les aident dans le combat, qui leur apportent de la poudre, qui
les encouragent de leurs acclamations, les accuseraient de lâcheté.
Si elles les voyaient tourner le dos, elles prendraient du charbon et
feraient sur leurs burnous ou leurs chemises de laine de larges
marques pour les désigner au mépris de tous. Les Arabes, au contraire, comme des brigands, cherchent à surprendre leur ennemi,
et aussitôt qu'ils ont déchargé leurs armes, s'enfuient ventre à terre
pour éviter ses coups. Aussi, les Arabes ne se font aucun scrupule
de trancher la tête à leurs prisonniers, tandis que les Kabyles res-
pectent les leurs.

Les Kabyles n'ont pas, comme les Arabes, de castes privilégiées.
S'ils n'ont pas de *cheurfa*, ils ont beaucoup de *marabouts*. La naissance
fait les cheurfas; ce sont les vertus qui font les marabouts. Tout le
monde peut devenir marabout, et ce titre devient héréditaire dans une
famille, à condition que les fils marcheront sur les traces du père, qui
l'a mérité par sa piété, sa science et son dévouement pour le prochain.

Les marabouts doivent vivre pour les autres plutôt que pour eux-
mêmes, ce sont des anges de paix; ils attirent sur toute leur contrée
les bénédictions du ciel; ils mettent la bonne harmonie chez les
habitants de leur pays; ils ne touchent aux biens de la terre que
pour s'en faire les dispensateurs.

Marabout vient du mot *mrabeth*, lié. Les marabouts sont des gens
liés à Dieu, ils observent scrupuleusement tous les préceptes de la
religion; ils ont des mœurs sévères, ils ne fument jamais; mais ils
profitent de leur mieux du droit d'avoir plusieurs femmes. Les
Kabyles qui ne sont pas marabouts, ordinairement n'en ont qu'une.

Les femmes kabyles ont beaucoup plus de liberté que les femmes
arabes, et comptent plus qu'elles dans la société. La femme arabe
ne sort jamais de son intérieur; aucun étranger ne peut la visiter.
Les Arabes, à l'heure du repas, reçoivent leurs hôtes en dehors de
leurs tentes ou de leurs gourbis, et ce sont les fils de la maison qui
vont eux-mêmes chercher les plats préparés au dedans. La femme
arabe ne mange pas même avec son mari. Au contraire la femme
kabyle prend ses repas en famille, et l'arrivée d'un étranger ne
change en rien cet usage; elle met à le recevoir la même politesse
qu'une dame française. La femme kabyle peut sortir de chez elle le
visage découvert; elle chante, elle cause, elle s'assied sans que per-

sonne le trouve mauvais ; c'est elle qui va faire les provisions de la maison, qui va au marché pour acheter ou vendre ; son mari aurait honte d'entrer, comme l'Arabe, dans de semblables détails. Les femmes kabyles filent la laine et la tissent, elles font aussi de la toile avec le lin qu'elles ont recueilli et préparé. Chez les Arabes, les hommes seuls travaillent à la confection des étoffes ; les femmes ne savent faire autre chose que les blanchir et préparer les aliments.

Les femmes kabyles se tatouent comme les femmes arabes, mais elles se font de préférence des croix sur le front, usage inconnu chez les Arabes et contraire au Coran.

La population kabyle paraît être plus que la population arabe inhérente au sol africain. Les montagnes du Jurjura non loin d'Alger sont entièrement peuplées de kabyles. Notre armée a été tant soit peu étonnée de trouver chez eux de belles cultures, des maisons très-bien bâties et offrant l'aspect de villages européens.

« Qui n'a parcouru cette contrée, écrivait un officier en y arrivant, « ne saurait se faire une juste idée de sa fertilité et de sa richesse ; « nous croyons être dans le vrai en disant que la France n'en pré- « sente aucune qui lui soit supérieure. C'est véritablement la terre « promise des oliviers ; ils y sont comparables, pour la vigueur du « tronc et l'ampleur de la couronne, aux chênes ordinaires de « France. On les rencontre, non plus à l'état de plan ou même de « bois, mais de forêts de plusieurs lieues d'étendue. Tous sont francs « et surchargés de fruits. Les greffes nombreuses pratiquées sur de « jeunes oliviers sauvages, les petits sillons pour la conduite des « eaux et l'irrigation des arbres, les travaux préparatoires pour « l'ensemencement, quelques parties même fumées, prouvent l'en- « tente d'une bonne culture. Les moissons, belles en général, et « même luxuriantes, s'étendent presque sans interruption sur la « vallée, dont la largeur varie de une à deux lieues ; les terres sont « cultivées dans la montagne jusqu'au sommet des grands pitons.

« Sur les deux versants opposés et latéraux, on voyait de distance « en distance, de beaux, grands et nobles villages, bâtis à mi-côte, « et plus généralement même sur les pitons les plus élevés ; vous « eussiez dit des nids d'aigles, d'où le Kabyle dominant la plaine, « semblait défier ses ennemis. »

Ainsi, tandis qu'on ne rencontre chez les Arabes que des oliviers sauvages, les Kabyles greffent les leurs et les irriguent ; tandis que les

Arabes brûlent leurs forêts, les Kabyles sont continuellement occupés à planter des arbres fruitiers de toute espèce ; tandis que les Arabes râclent à peine la terre et laissent dans un champ qu'ils labourent toutes les broussailles qu'ils y trouvent, les Kabyles ne négligent aucune parcelle. Ils donnent deux façons à la terre et la couvrent d'engrais ; ils cultivent le tabac à fumer et une grande variété de légumes ; depuis quelque temps ils plantent même des pommes de terre. Aussi le principe que la terre est au premier occupant n'est-il pas appliqué chez eux. Ils ont au contraire des propriétés bien divisées et clôturées. Ils se bâtissent des maisons en pierres et en briques, quelquefois à plusieurs étages, avec des écuries et des étables. Leur industrie est assez développée : ils font leur huile avec des meules et des pressoirs qu'ils confectionnent ; ils forgent des armes, des canons et des batteries de fusil, des sabres très-renommés (flissas), des socs de charrue ; ils font de la menuiserie, des sabots, des métiers pour tisser, de la poterie, toutes sortes de vêtements de laine ; ils fabriquent même de la fausse monnaie. Mais l'industrie qui leur profite le plus, surtout depuis l'occupation française, c'est la fabrication de l'huile ; ils en apportent dans des outres des grandes quantités sur les marchés de Bougie et d'Alger.

Le nom de Kabyle a plusieurs étymologies. On prétend que ce nom vient du mot *Kabilè* qui veut dire village, parce que les Kabyles, à la différence des Arabes, habitent dans des maisons. Mais on donne aussi à ce nom des étymologies plus savantes et non moins vraisemblables. *Kobel* en arabe veut dire *devant*, *Kabel* veut dire *il a accepté*, et l'on induit de là que les Arabes avaient appelé Kabyles ceux qui les avaient devancés, ou bien encore ceux qui avaient fini par accepter le Coran.

Il est à croire que les Kabyles sont les anciens indigènes de l'Afrique, les peuples qui l'occupaient avant l'invasion des Arabes. Probablement, à cette époque, toutes les populations qui habitaient les villes romaines et leurs riches territoires, obligées de fuir, se réfugièrent dans les montagnes les plus voisines ; elles s'y sont amalgamées avec les anciens habitants, moins redoutables pour eux que les nouveaux conquérants. On trouve ces mêmes Kabyles dans toutes les montagnes du Tell, depuis Tunis jusqu'au Maroc, avec des caractères plus ou moins tranchés, selon qu'ils ont pu s'isoler davantage, des Arabes et conserver leur indépendance. Cependant toutes ces populations, tous ces débris de l'empire romain et de la chrétienté déjà abâtardie d'Afrique, n'ont pu trouver place dans les montagnes voisines de la·côte. Elles ont alors pénétré dans le Sahara, elles ont cherché à féconder le désert, elles en ont multiplié les oasis.

Malgré les noms divers que ces populations ont pris dans le Sahara, il ne peut exister aucun doute sur la communauté de leur origine; elles ont toutes le même type de physionomie, les mêmes mœurs, et une égale antipathie pour la race arabe. Les villes du désert sont entourées de murailles crénelées; elles ont des portes flanquées de tours, des fossés d'enceinte absolument comme nos petites places fortes d'autrefois. Leurs paisibles habitants y vivent à l'abri des excursions des Arabes.

Ainsi Aïa-Madi, la première ville que l'on trouve au sud d'Alger à l'entrée du désert, est située sur un petit mamelon et entourée de murailles. On y entre par deux portes; la principale, Bab-el-Kebir, est double; après avoir passé une première porte pratiquée dans l'épaisseur de la muraille et flanquée de deux grosses tours carrées, on se trouve dans une espèce de place d'armes de quarante pas de longueur sur trente de largeur; pour entrer dans la ville il faut passer par une seconde porte. La disposition de ces deux issues n'est pas sans intelligence: elles ne sont pas vis-à-vis l'une de l'autre, de telle sorte que les boulets qui enfileraient la première ne viendraient pas donner dans la seconde. Les murailles peuvent avoir deux mètres d'épaisseur et huit mètres de hauteur; elles sont crénelées, bâties en pierres et bien entretenues; nos obusiers de campagne ne pourraient certainement rien contre elles.

En dehors de ces murailles sont les jardins qui en suivent le contour sur une largeur d'environ cent cinquante mètres; ils sont eux-mêmes protégés par un mur de clôture, de sorte que la ville est entourée d'une double enceinte.

Les villes du Sahara les plus éloignées, Tougourt, Ouargla, Insalah ont de semblables enceintes. Mais ce qui prouve encore plus que tout le reste la communauté d'origine de ces populations sédentaires, c'est d'une part leur *langue*, d'autre part leurs *institutions*.

Les habitants du Sahara, comme les Kabyles du Jurjura, parlent une langue toute différente de l'arabe et qui n'a avec la langue arabe aucune analogie, bien qu'elle ne s'écrive plus maintenant qu'en caractères arabes. Les Kabyles ayant adopté la religion de Mahomet, leurs marabouts, leurs tolbas, comme les saints et les savants arabes, ont dû s'occuper particulièrement de l'étude du Coran. Il en est résulté qu'ils ont fini par perdre l'habitude d'écrire dans leur propre langue. Cette langue est probablement l'ancienne langue *berbère* plutôt que la langue *punique*, qui, au temps de saint Augustin, était encore en usage dans les campagnes. Le saint évêque d'Hippone prêchait quelquefois en cette langue, et il se plaignait que la dispensation des trésors de l'Évangile était retardée dans son diocèse par la disette où l'on était d'ouvriers sachant la langue punique. Le latin dominait alors parmi les ecclésiastiques et dans les villes, et cependant les populations des campagnes acceptaient plus volontiers le Christianisme [1]. Mais la langue punique a plus d'analogie encore avec l'hébreu que la langue arabe. Les Kabyles qui ne comprennent pas l'arabe ont donc conservé complétement leur idiome primitif.

Si les Romains, pas plus que les autres conquérants, n'ont point donné leur langue aux populations indigènes de l'Afrique en se confondant avec elles, il semble qu'ils leur aient transmis en partie leurs institutions.

Les *institutions* des Kabyles sont toutes différentes de celles des Arabes. Tandis que les Arabes ont une organisation toute féodale, toute militaire, entièrement fondée sur le principe du pouvoir, les Kabyles ont des *institutions* basées sur le principe de l'égalité; le droit chez eux ne part pas d'en haut, mais d'en bas; l'élection est la loi souveraine. Chaque village kabyle, chaque oasis du Sahara a une *djemma* ou conseil composé d'une douzaine de membres pris dans les différents quartiers; chaque quartier élit ses représentants. La *djemma* administre le village et son territoire, elle délibère sur les intérêts communs. Un chef choisi par elle et appelé *amine,* est chargé du pouvoir exécutif, tantôt pendant quelques mois, tantôt pendant une année entière. Les amines doivent prendre l'avis des *djemma* sur les moindres affaires. Une mauvaise conduite peut amener leur destitution immédiate, de même que des services signalés peuvent faire voter une prolongation de pouvoir. Les chefs kabyles ne se permettent pas, comme les chefs arabes, de percevoir arbi-

---

[1] La langue berbère que parlent les Kabyles, et pour la transcription de laquelle les tribus de l'intérieur ont conservé une écriture dérivée de l'alphabet libyque, n'a aucune analogie avec l'idiome punique ou phénicien apporté de l'Asie en Afrique par les tribus carthaginoises. Les nombreux monuments que nous possédons de la langue punique démontrent sa parfaite analogie et presque son identité avec l'hébreu : entre les caractères des inscriptions puniques et celui des médailles frappées pour les princes de la famille des Machabées, la ressemblance est également frappante, et les différences n'ont rien d'essentiel.

trairement des impôts. Le *budget* est fixé chaque année par la *djemma*. On y détermine un traitement pour le chef, afin de lui ôter l'idée de tirer un parti lucratif de sa position, de toucher aux biens communaux, d'entamer la part des pauvres. Ainsi, par exemple, il y a telle *djemma* qui donne à son chef la jouissance d'autant de jardins qu'il y a de jours dans l'année. Toutes sans doute n'y vont pas si largement, mais le chef est toujours pourvu assez convenablement pour n'avoir plus aucun souci de fortune, et il peut d'autant mieux se consacrer à la charge dont il est investi. Il résulte de là que les Kabyles sont bien moins souvent en guerre que les Arabes. Les chefs kabyles n'ont aucun intérêt à troubler la paix, tandis que les chefs arabes, qui ont la plus grande part au butin, trouvent, dans la guerre comme dans le brigandage, les moyens de s'enrichir.

Les Kabyles, surtout ceux du Sahara, ont la réputation d'être bons, humains, hospitaliers ; si quelqu'un se réfugie chez eux, disent les Arabes, ils mourraient plutôt que de le livrer. A la saison des fruits, les voyageurs peuvent entrer dans les jardins et en manger à discrétion. Seulement, on exige qu'ils n'en emportent pas, et même, dans quelques endroits, on met la condition qu'ils laisseront les noyaux au pied des arbres.

Les pauvres sont un des objets principaux de la préoccupation de toutes les djemmas ; ils sont nourris à frais communs. A la saison des dattes, chaque famille est tenue de désigner un palmier de son jardin dont les fruits, versés à la mosquée, sont distribués aux nécessiteux. Ces palmiers s'appellent *les palmiers de l'amour de Dieu*.

Les cotisations que fixent les djemmas servent en grande partie à venir au secours des malheureux ; les amendes, imposées parfois comme pénalité, ont aussi cette destination ; mais c'est surtout dans l'institution des *zaouïas* que se révèle le caractère charitable et hospitalier des Kabyles. Cette institution mérite d'être connue ; elle joue un très-grand rôle dans la société kabyle : on peut même dire qu'elle en est la base principale.

Les zaouïas sont des établissements tenus par les marabouts du pays ; ils ont trois buts principaux : la prière, la bienfaisance et l'instruction. Aussi toute zaouïa se compose d'un édifice religieux, d'une hôtellerie et d'une école.

L'édifice religieux est ordinairement un petit dôme, *kouba*, qui couvre le tombeau du marabout dont il porte le nom. Les Kabyles des environs y viennent en pèlerinage, bien qu'ils aient des mosquées dans chacun de leurs villages. Une vénération particulière s'attache aux zaouïas. Aux époques de sécheresse, on y fait de grandes processions pour demander la pluie, usage qui a une analogie frappante avec nos processions des Rogations. Les malades viennent souvent y prier pour obtenir leur guérison. La mère qui ne peut élever ses enfants y vient demander à Dieu de les lui conserver. La femme stérile s'y fait conduire par son père ou son mari pour obtenir la grâce d'une postérité. Quelques zaouïas ont même une plus grande réputation que les autres, et l'on y accourt de très-loin en pèlerinage pour implorer les saints marabouts qui les ont fondés. On cite le marabout de Sidi-Aly-Taleb comme opérant de très-grands miracles. Ce marabout avait un bâton merveilleux avec lequel il lui suffisait de mettre un ennemi en joue pour le faire tomber raide mort. Quand les malades viennent prier sur son tombeau, on leur fouette le dos avec ce bâton pour les guérir. Les malades emploient aussi comme remède la pierre même du tombeau, qu'ils avalent après l'avoir broyée. Enfin, lorsque les Kabyles ont quelques dissentiments entre eux, ils se rendent à la zaouïa et défèrent le serment devant le marabout. C'est aussi à ce saint personnage qu'ils s'adressent souvent lorsqu'ils ont des réclamations à faire pour des injustices commises à leur égard, ou pour des vols qui leur auraient été faits. Le marabout est un arbitre accepté par tous, et bien que chaque village ait ses juges réguliers, on leur préfère, la plupart du temps, les marabouts des zaouïas ; on va même jusqu'à les consulter pour les affaires politiques, de telle sorte que leur autorité balance celle déjà restreinte des amines, les chefs ordinaires, et rend de leur part tout arbitraire impossible.

Par suite de leur caractère sacré et de la vénération qui s'attache à leurs marabouts, les zaouïas reçoivent une portion de la dîme dévolue aux mosquées. En outre, les habitants du voisinage s'en déclarent les serviteurs, et tiennent à honneur d'y apporter toutes sortes de provisions : de l'huile, du miel, des fruits, des poules, des moutons, etc. Les pèlerins qui viennent implorer les faveurs célestes font aussi de riches présents qui entretiennent le marabout dans une aisance très-honorable et lui permettent de faire de larges aumônes. Ces marabouts sont trop vertueux pour rien garder ; plus on leur apporte, plus ils distribuent : c'est ainsi que chaque zaouïa est à la fois un sanctuaire et une hôtellerie.

Tout voyageur, quel qu'il soit, bien vêtu ou en haillons, de quelque pays qu'il vienne, peut se présenter à la porte d'une zaouïa, y est reçu et hébergé pendant trois jours : touchante similitude avec l'usage des couvents de la Trappe. Pas plus que chez nos religieux, le pauvre et l'étranger ne peuvent être éconduits : ni le matin ni le soir, les gens d'une zaouïa ne prendraient leurs repas sans s'être assurés que les besoins de leurs hôtes ont été satisfaits. Le principe de l'hospitalité s'étend jusqu'aux animaux : ceux qui sont égarés sont installés dans l'écurie et nourris jusqu'à ce qu'on vienne les réclamer.

N'est-il pas surprenant qu'un peuple, que l'on cite comme le plus farouche de la barbarie elle-même, pratique mieux la bienfaisance que les peuples les plus civilisés? Jamais un pauvre chez les Kabyles ne peut mourir de faim. S'il veut rester dans son village, il est libre de le faire ; ses voisins lui ouvrent la porte de leur jardin : tant qu'il y a des fruits, il peut s'y rassasier. Des provisions de toute espèce sont apportées entre les mains des chefs ou des marabouts; en tout temps, il y peut puiser. Cette position précaire ne rend pas le pauvre indigne de remplir les devoirs ordinaires d'un citoyen ; après l'avoir vêtu, on lui donne sur le fonds commun un fusil et de la poudre. Le pauvre est un homme comme le riche ; pourquoi ne défendrait-il pas la patrie contre les ennemis du dehors? Au dedans, il ne peut en avoir plus qu'un autre ; il en a même nécessairement moins, puisqu'il reçoit des bienfaits de tous. L'assistance des malheureux, chez les Kabyles, est considérée comme une vertu du ciel ; dès lors, l'indigence ne peut être regardée comme un fléau. Cette société barbare a trouvé le secret de rendre chez elle la mendicité impossible, sans avoir fait aucune loi pour l'éteindre. Les Kabyles n'ont jamais eu l'idée d'interdire aux pauvres plutôt qu'aux riches des habitudes vagabondes ; le vagabondage, chez eux, n'est pas un délit. Le pauvre qui ne se plaît pas dans son village peut mener la vie de pèlerin, aller de zaouïas en zaouïas, partout il est le bienvenu ; on ne considère pas qu'il soit à charge à personne : il est, au contraire, une occasion d'utiliser les dons pieux et d'inspirer à tous l'amour du prochain.

Outre la prière et la bienfaisance, nous avons dit que les zaouïas avaient encore pour but l'instruction. Chaque zaouïa a un local où l'on ne s'occupe que du Coran ; un second local est réservé à l'étude des sciences ; un troisième sert d'école primaire pour les enfants.

Indépendamment des habitations où l'on reçoit les mendiants et les voyageurs, chaque zaouïa a des bâtiments destinés aux élèves qui désirent se perfectionner dans les sciences. Sous ce rapport, la zaouïa est une espèce d'université. Son école primaire est ouverte à tous les enfants kabyles ou arabes : quelques-uns sont envoyés de très-loin, quand les parents veulent donner à leurs enfants une éducation soignée, et qu'ils trouvent insuffisant l'enseignement de la petite école de leur tribu. Chaque enfant, en entrant dans une zaouïa, paie 6 douros ou 30 francs : moyennant cette légère somme, il est nourri, logé et habillé aux frais de l'établissement jusqu'à l'époque de son départ. Mais les riches ajoutent au prix fixé de la pension des cadeaux quelquefois considérables. Quand les enfants restent cinq ou six ans dans une zaouïa, ils sont en état de lire et d'écrire ; ils savent par cœur le texte du Coran et reçoivent dès lors le titre de tolbas. Ce titre leur permet de rentrer dans leur village ou leur tribu, et d'y ouvrir de petites écoles pour les enfants du peuple. Souvent ils ne s'arrêtent pas à l'enseignement primaire, et restent dans les zaouïas pour s'y livrer à des études transcendantes. Quelques zaouïas ont à cet égard une grande renommée ; on y vient non-seulement des divers points de l'Algérie, mais aussi du Maroc, de Tunis, et même de l'Égypte. Les savants paient à leur entrée dans une zaouïa 8 francs pour toute la durée de leur séjour. Ils y apprennent : 1° la *théologie*, qui comprend les commentaires sur le Coran et les conversations du prophète ; 2° le *droit*, ou l'étude du Coran au point de vue légal ; 3° les *sciences*, l'arithmétique, la géométrie et l'astronomie ; 4° les *lettres*, la grammaire et la versification. Enfin les tolbas apprennent dans les zaouïas non-seulement à réciter de suite tout le Coran sans faute, mais aussi à le réciter avec la psalmodie ou l'intonation convenable, de manière à bien maintenir la pureté du langage.

Les différentes zaouïas ont entre elles des dissidences et des rivalités universitaires qu'entretient l'esprit de corps. Quelques-unes ont un personnel considérable ; on en cite qui n'ont jamais moins de deux ou trois cents pensionnaires, et qui entretiennent chaque jour plus de cent et quelquefois jusqu'à quatre cents passagers.

Il est par là facile de comprendre quelle influence les marabouts exercent sur la population. Sans sortir de leurs zaouïas, ils ont, soit par les élèves, soit par les voyageurs qui y affluent, des relations dans tous les pays : aussi dédaignent-ils de remplir des fonctions publiques. Il y en a même qui, par une sainte coutume, s'interdisent de jamais franchir les limites de leur petit domaine, et comme dans une zaouïa le fils d'un marabout succède à son père, il arrive que bien des marabouts n'ont jamais eu d'autre horizon que celui de la vallée qui leur a donné le jour.

Les zaouïas suppléent chez les Kabyles et à très-bon marché beaucoup d'institutions des peuples civilisés. Ils en possèdent une autre qui leur est spéciale et remplace merveilleusement chez eux la police des grands empires, odieuse à leurs mœurs libérales. Cette institution s'appelle l'*anaya*. L'anaya remplace le passeport et le sauf-conduit. Un Kabyle abandonne sa femme, ses enfants, sa maison ; il n'abandonne jamais son anaya. Chez les peuples civilisés, le souverain ou le représentant du pouvoir constitué donne seul des passeports. Tout Kabyle peut donner l'anaya, et la sécurité de celui qui possède l'anaya dépasse celle dont un citoyen peut jouir quand il est muni d'un passeport. Avec cette pièce officielle, un Européen est assuré de n'être pas pris pour un voleur ; mais dans beaucoup de pays du continent il n'est nullement assuré de n'être pas détroussé en route : il a bien la garantie que l'État est à la poursuite des malfaiteurs, mais l'État ne le protége pas personnellement. Le voyageur européen peut tout au plus, en payant, obtenir une escorte de gendarmes ; encore, si les brigands arrivent en nombre, la meilleure escorte devient impuissante. L'étranger qui voyage en Kabylie sous la protection de l'anaya défie toute violence instantanée ; il brave temporairement la vengeance de ses ennemis et même la pénalité due à ses actes antérieurs. Mais pour éviter tout abus, les Kabyles ont soin de restreindre l'anaya à leurs seuls amis. Ils ne l'accordent qu'une fois aux fugitifs : ils le regardent comme illusoire s'il a été vendu : enfin ils en puniraient de mort la déclaration usurpée. Pour éviter toute fraude, celui qui le confère délivre comme preuve à l'appui quelque objet bien connu pour lui appartenir, tel que son bâton, son fusil, son chien ; souvent il envoie l'un de ses serviteurs et même quelquefois il escorte son protégé s'il a des craintes qu'on l'inquiète. L'anaya reposant tout entier sur la considération de celui qui le donne, a des effets plus ou moins étendus, selon la qualité de ce dernier ; venant d'un Kabyle obscur, il a besoin d'être renouvelé de village en village, mais accordé par un marabout et surtout par un marabout de renom, il ne connaît pas de limite ; quiconque en est porteur peut traverser la Kabylie en sa longueur, quel que soit le nombre de ses ennemis. Un Kabyle n'a rien de plus à cœur que l'inviolabilité de son anaya ; il y attache son point d'honneur ; ses parents, ses amis en répondent avec lui, et tel homme qui ne trouverait personne pour l'aider à réparer une injure personnelle, soulèvera tous les habitants de son village s'il est question de son anaya méconnu.

Enfin, les Kabyles se distinguent essentiellement des Arabes, en ce que le Coran n'est pas pour eux, comme pour ces derniers, la seule loi religieuse et civile.

Les Kabyles, avant d'avoir accepté le Coran, avaient d'autres lois qu'ils n'ont pas répudiées complétement ; ils les appellent encore leurs *canons*, mot qui indique assez par lui-même une origine chrétienne. Ces canons forment le droit coutumier des Kabyles ; il s'est maintenu à travers les siècles, à travers les changements de religion ; les amines s'y conforment en toute occasion ; les vieillards et les savants l'ont reçu traditionnellement ; ils en conservent le dépôt pour le transmettre intact à leur postérité. Une des choses les plus remarquables de la législation kabyle est que la peine de mort n'y figure point. Une djemma kabyle ne prononce jamais une sentence de mort. Le meurtrier cesse d'appartenir à la tribu ; sa maison est détruite, ses biens sont confisqués, un exil perpétuel le frappe ; c'est là toute la vindicte publique. Un autre caractère du code kabyle, également remarquable, est qu'il n'y est jamais question de la bastonnade. Contrairement aux idées reçues chez les Arabes, cette punition serait infamante aux yeux des Kabyles. Les amines ont trop de respect pour leurs administrés pour jamais oser l'ordonner. A défaut de prison, les pénalités se règlent par des amendes. Les rixes sont punies de 1 à 30 boudjous (une cinquantaine de francs), selon qu'il n'y a eu que de simples menaces ou bien des coups ; selon que ces coups ont été portés avec un bâton, une pierre, un yatagan ou un fusil : le simple coup de poing n'est puni que d'un quart de boudjous ; mais une injure faite sans motif entraîne une pénalité de 4 boudjous. Le vol est le délit le plus sévèrement puni : la peine est de 100 boudjous. Une peine égale est infligée à celui qui entre dans une maison dont le maître est sorti ; on lui suppose des intentions mauvaises et non moins coupables, qu'il s'agisse ou non de vol. Les femmes kabyles, avons-nous dit, sont beaucoup plus libres que les femmes arabes ; elles ne sont pas obligées de se voiler ; mais la législation kabyle protége avec soin cette indépendance. Un homme qui paraîtrait au lavoir public des femmes serait puni d'une amende. Enfin, chez les Kabyles, comme chez nous, il y a une pénalité pour celui qui ne monte pas sa garde. Cette contravention est punie de 1 boudjous.

Nous ne nous étendrons pas davantage sur la législation kabyle ; ce que nous avons dit suffit pour prouver qu'elle est inspirée par un esprit tout différent que celui qui a inspiré le Coran. Toutefois, il y a encore dans leurs institutions un point sur lequel il importe de fixer l'attention. Le Coran prescrit aux croyants de donner le dixième de leurs grains et le centième de leurs troupeaux. Ces deux contributions, l'*achour* et le *zekkat*, servent, chez les Kabyles, à entretenir les mosquées, à défrayer les écoles, à secourir les pauvres. Lorsqu'elles sont insuffisantes, comme lorsqu'il s'agit de pourvoir à certains besoins généraux, d'acheter de la poudre pour la guerre, nous avons vu que les djemma y pourvoyaient en votant quelques taxes. A part cela, les Kabyles ne paient pas d'impôts ; aucun sultan, aucun souverain n'a jamais pu leur en imposer. Du temps des Turcs, à la différence des Arabes, ils ne payaient jamais de tribut : tous les voyageurs en font foi. Un écrivain espagnol nous parle d'une nation vaillante qui habite à huit lieues de Bougie, au milieu de hautes montagnes et de grands bocages. « Ces habitants, dit-il, « qui sont de ceux qui se font des croix au visage et aux mains, « n'obéissent qu'à des chefs élus par eux-mêmes et ne paient aucun « tribut ni à roi, ni à prince. » Nous verrons plus tard qu'Abd-el-Kader, même pour la guerre sainte, n'a jamais pu obtenir aucun tribut des Kabyles ; il n'a jamais pu percevoir d'eux que des contributions indirectes, en leur faisant payer des droits sur les marchandises qu'ils apportaient dans les marchés des pays sous sa domination.

Si ce n'est pour la poudre et les armes dont il faut fournir les pauvres, les Kabyles ne comprennent pas le besoin de contribution de guerre. Chez eux, tout homme en état de porter des armes est soldat. Le concours général que chacun doit apporter à la défense du pays est régularisé par une formalité qui se rapproche beaucoup de notre recrutement. Lorsqu'un jeune homme a accompli sa quinzième année, qu'il a pu faire son premier rhamadan, que sa constitution est assez robuste, il se présente à la djemma : il est alors déclaré apte à porter un fusil, et après l'avoir inscrit, on lit sur lui le *fetah*, prière, qui le consacre comme défenseur de la patrie : jusqu'à l'âge de soixante ans, au moins, il doit être prêt à marcher.

Quant aux travaux publics, ils n'exigent pas, chez les Kabyles, plus d'impôts que la guerre. Tous se font chez eux par corvée ; mais tandis que les Arabes sont de corvée pour faire valoir les biens de leurs chefs, les Kabyles n'en font jamais que pour leurs chemins, leurs fontaines, leurs mosquées, et pour les choses d'utilité publique et générale, ou bien pour creuser la tombe d'un de leurs compatriotes. Avec de pareils usages il est facile à concevoir combien des impôts, tels que ceux que nous faisons nous-mêmes percevoir, seraient vexatoires pour les Kabyles : il ne les comprendraient pas, puisqu'ils pourvoient eux-mêmes à tous les besoins de leur administration. Perçu en dehors de ces besoins, un impôt ne serait, pour eux, qu'une spoliation, qu'un vol.

La religion est le seul lien qui existe véritablement entre les Arabes et les Kabyles ; mais ce lien est encore bien faible : à part les marabouts, il est peu de Kabyles qui observent scrupuleusement les préceptes du Coran. Beaucoup boivent des liqueurs fermentées que les Juifs leur fournissent ; les Arabes prétendent qu'il en est qui se permettent de manger des animaux immondes, de la chair de sanglier. Ce qu'il y a de certain, c'est que leur dévotion n'est pas très-grande, et l'on peut dire que la plupart ne savent même autre chose de l'islamisme que la phrase chérie des musulmans : « Dieu est Dieu et Mahomet est son prophète ! »

Nous avons confondu, sous le nom générique de Kabyles, par opposition aux Arabes, dont l'origine est différente, tous les anciens indigènes de l'Algérie ; ils ont le même caractère, les mêmes goûts, la même langue, les mêmes institutions. Cependant on n'appelle généralement Kabyles que les anciens indigènes restés sur les côtes, et comme la plupart se sont retranchés dans les montagnes, dans l'usage, le nom de Kabyles désigne des montagnards, puis l'on a donné le nom de Grande Kabylie au pays qui entoure les chaînes du Jurjura où ils sont principalement groupés. Les anciens indigènes qui habitent le Sahara ont des noms différents, suivant les oasis qu'ils occupent. Parmi eux on remarque les Beni-Mzab, autrement dit les Mozabites.

Les *Mozabites,* à une centaine de lieues au sud d'Alger, forment
au milieu des populations du Sahara, une nation à part, qui se distingue par la sévérité de ses mœurs, sa probité proverbiale et quelques modifications dans ses pratiques religieuses, bien que sa religion soit musulmane. La langue des Mozabites est, à peu de choses
près, celle des Kabyles proprement dits ; ils s'entendent parfaitement avec ces derniers. Beaucoup de Mozabites ont les yeux bleus
et les cheveux blonds. Comme ils ne sont pas complétement mahométans, les Arabes ont contre eux une haine traditionnelle ; une foule
de contes populaires signalent les Beni-Mzab au mépris des vrais
croyants. Quand ils sont morts, il leur pousse des oreilles d'âne ; ils
n'auront qu'un cinquième dans les joies du paradis, etc..... Les
Arabes les accusent de transgresser les préceptes de Mahomet ; mais
au fait ils ne trouvent guère contre eux d'autre chef d'accusation
que de dire qu'ils qualifient d'impiété tout péché. Ils sont effective-
ment beaucoup plus sévèrement religieux que les Arabes. Ils ont
pour la prière des vêtements particuliers. Ils jeûnent et font exacte-
ment leurs ablutions ; leur pureté de mœurs est poussée jusqu'au
rigorisme. L'adultère est lapidée, son complice paie une amende
très-forte, et est banni du pays. Religieux observateur de la foi
donnée, ennemis jurés du mensonge, ils meurent de faim auprès
du dépôt qui leur est confié. Quand un Beni-Mzab vous a dit : « Dieu
soit avec vous ! » dormez tranquille, disent les Arabes, il veille. —
Généralement ils sont très-sobres : priser et fumer est un péché pour
eux ; ils ont l'ivresse en telle horreur que si un Juif vient à s'enivrer,
ils font des perquisitions dans sa maison et brisent les pièces de vin
sur la place publique ; si une juive se livre à la prostitution, elle est
honteusement bannie.

La ville principale des Mozabites est Gardaïa. C'est une ville presque aussi grande qu'Alger. La muraille d'enceinte est crénelée et
défendue de distance à distance par neuf tours également à créneaux,
et qui peuvent contenir trois ou quatre cents combattants. Gardaïa a
dix portes ; on y remarque six mosquées dont l'une est immense.
Gardaïa est administrée par une djemma composée de douze membres, présidée par un chef suprême. Il ne peut rien décider toutefois
sans avoir pris l'avis du chef de la religion qui s'appelle Cheikh-Baba,
dont la parole a force de loi dans tous les environs. Auprès de Gardaïa sont les ruines d'une ville immense que les indigènes appellent

Baba-Sad, et qui est sans doute encore le vestige d'une cité romaine.
On y remarque encore des bassins et des mosaïques.

Les Mozabites, comme toutes les populations du Sahara, font très-
peu de cas des Arabes, et ils n'ont pas toujours pour eux la tolérance
qu'ils ont pour les Juifs. Les Arabes, pour acquérir chez eux le droit
de bourgeoisie, sont obligés d'adopter solennellement leurs rites,
et encore souvent ne sont-ils après cette cérémonie assimilés
aux autres qu'à la quatrième génération. Il y a quelques années, les
chefs de Gardaïa ont expulsé quarante familles arabes de leur ville,
parce qu'elles ne voulaient point se faire Beni-Mzab.

Au moment de la conquête, les Mozabites formaient à Alger une
corporation particulière. Ils avaient le monopole des bains, des bou-
cheries, des moulins, et celui de divers autres métiers ou profes-
sions, tels que rôtisseurs, marchands de fruits, marchands de charbon, fabricants de mottes et conducteurs d'ânes.

Le même type de physionomie se remarque, avons-nous dit, chez
toutes les populations de race kabyle. On trouve au fond du Sahara
des gens aux yeux bleus et au teint blanc. Cependant dans les oasis
qui avoisinent le grand désert, il y a un mélange de nègres et par
conséquent un certain croisement de races. Là aussi les institutions
subissent de petites modifications ; l'élément du pouvoir monarchique
vient se combiner avec l'élément républicain, et il en résulte quelquefois de petites royautés constitutionnelles comme en Europe. Les
populations sahariennes tiennent parfois à placer à leur tête des per-
sonnages de familles distinguées ; elles vont même jusqu'à s'adresser
à l'empereur du Maroc qui, dans l'intérêt de la paix, finit par les
satisfaire en y envoyant quelqu'un des siens. Les petits sultans du
Sahara ne laissent pas d'avoir un certain faste ; ils ont leur garde et
leur musique, et font étalage quand ils sortent de leurs casbahs des
signes extérieurs de leur puissance ; mais cette puissance n'est
jamais que pour le bien ; le sultan constitutionnel qui voudrait en
abuser serait immédiatement déshérité. Les choses se passent au
Sahara d'une manière beaucoup plus calme encore que dans nos
cours du Nord ; les rois y sont détrônés sans qu'on ait besoin de tirer
un seul coup de fusil ; la djemma convoque une assemblée générale,
et quand la révocation du souverain est prononcée, on se conduit à
son égard avec une délicatesse extrême. Tous les soirs il est d'usage
que la musique vienne charmer les loisirs du prince régnant ; si ce

divertissement vient à manquer, le sultan descend de son trône, et comprend qu'il doit rentrer dans la vie ordinaire. Les mœurs kabyles sont si différentes des mœurs arabes, que les femmes elles-mêmes ne sont pas exclues des honneurs ; on en trouve qui restent sur le trône de leurs maris ; d'autres dans les zaouïas héritent de la sainteté de leurs pères et sont un sujet de vénération de la part des fidèles.

Quelques personnes ont attribué le mélange de la race blanche à la race nègre, sur la lisière du Sahara, à la facilité avec laquelle les indigènes s'unissaient aux négresses esclaves ; mais la tradition du pays donne une toute autre raison à l'altération de la couleur des indigènes. « Dans le principe, disent les habitants de Tougourt, toutes les familles étaient noires. » D'où il faut conclure que la cause de ce mélange vient uniquement de l'invasion qui a fait refluer vers le Sud les populations berbères et romaines de la côte. Les petites diversités que nous venons de remarquer dans les institutions de ces pays ne font que corroborer la vérité de cette assertion.

Nous avons évalué à 1,500,000 le nombre des Arabes disséminés dans l'Algérie ; la population kabyle occupe peut-être des espaces moins étendus, mais elle est beaucoup plus compacte. Toutes les montagnes du Tell, quoique moins fertiles que les plaines, sont infiniment plus peuplées ; les oasis le sont également beaucoup, et quelquefois ils s'étendent sur des espaces de cinquante et soixante lieues ; sans exagération on peut donc évaluer à 4 ou 5 millions le chiffre de la population kabyle de l'Algérie.

Il est à remarquer que cette population kabyle est partout mélangée à la population arabe. Les Arabes campent dans le Sahara comme dans le Tell, mais leur rôle est différent selon le territoire ; dans le Tell, ils occupent les plus belles plaines, ils sont riches, plus puissants la plupart du temps que les Kabyles acculés dans les montagnes. Dans le Sahara, au contraire, les seuls endroits fertiles sont occupés par les populations aborigènes ; les Arabes qui errent dans les plaines d'alentour y sont réduits au rôle de brigands.

DES NÈGRES.

Le pays des nègres, le Soudan, est par delà le grand désert, le véritable désert, qui fait suite au Sahara algérien. Les espaces du

Sahara, de ce grand océan de sable, sont sillonnés en tous sens de caravanes qui emportent les nègres. Néanmoins bon nombre d'habitants ne sortent pas de leur pays comme marchandise. Sur toute la surface de l'Algérie, et même dans le Tell, on rencontre des nègres parfaitement libres. A Alger, les nègres forment encore une corporation qui a ses priviléges tout aussi bien que les diverses corporations des Kabyles. De ce droit de cité accordé aux nègres de l'Algérie, il résulte que dans ce pays leur position est toute différente de celle qu'ils ont dans les colonies américaines. Là il y a une séparation profonde entre les blancs et les noirs. Les noirs jusqu'à présent ont été esclaves, et les blancs maîtres. La civilisation se consume en vains efforts pour aplanir dans ces pays les différences de races, relever le moral des uns et vaincre les orgueilleux préjugés des autres. En Afrique, au contraire, un nègre n'est pas nécessairement esclave ou d'origine esclave ; la quantité d'esclaves ne se confond pas avec la quantité de nègres, et même avant l'occupation française, les blancs comme les nègres étaient esclaves. On a compté jusqu'à vingt mille esclaves chrétiens dans la seule ville d'Alger. Tout pénible qu'était l'esclavage pour les uns comme pour les autres, il ne devait pas être plus déshonorant pour la race du Soudan que pour la race européenne. Aussi les indigènes de l'Algérie traitent-ils les nègres libres avec autant de considération que les autres ; ils ne font aucune difficulté d'accepter pour chef, pour juge, pour supérieur quelconque, un homme au visage noir et à la tête crépue.

La prise d'Alger qui a eu pour résultat de rendre à la liberté tous les chrétiens enchaînés, n'a pas eu celui d'affranchir les nègres de l'esclavage. Pendant très-longtemps, les indigènes ont pu conserver leurs esclaves nègres ; on les empêchait, autant que possible, de leur faire subir de trop mauvais traitements. Lorsqu'un indigène assommait de coups son esclave, on ne croyait pas pour cela qu'il fût juste de le priver de sa propriété, mais on le forçait à le vendre. Nous avons vu une pauvre négresse, qui, grâce à des voisins, avait échappé aux fureurs de son maître ; elle s'était réfugiée chez les sœurs de Saint-Vincent-de-Paul ; elle tenait encore dans les mains les dents que des coups brutaux avaient fait sortir de sa mâchoire. Ses vêtements étaient déchirés, les bonnes sœurs s'empressèrent de lui donner une robe française. Elle rayonnait de joie de s'en voir affublée et croyait qu'elle allait devenir chrétienne et libre. Au bout de quelques jours, des agents de police vinrent la réclamer, et messieurs du parquet parurent satisfaits d'avoir obtenu que, conformément à la jurisprudence, elle serait vendue à un autre Maure de la ville. — Dans la plaine, les esclaves étaient assez maltraités, les maîtres y craignaient moins qu'à Alger l'intervention de l'autorité française, mais en général la position des nègres et des négresses esclaves continuait à être un peu rude, à moins que ces dernières n'eussent été nourrices ; les enfants de la maison les aimant alors comme leurs mères, se désolaient quand les parents les maltraitaient.

Il a fallu la révolution de février pour que cet humiliant état de choses eût son terme et que tous les esclaves de l'Algérie fussent affranchis. Faut-il avouer que la France avait été devancée par le bey de Tunis ? Dès l'année précédente, ce petit souverain, par un décret solennel, avait rendu à la liberté tous les esclaves de sa régence.

Les nègres de l'Algérie sont d'assez braves gens ; leur physionomie est empreinte là, comme partout ailleurs, de beaucoup de bonhomie ; ils ne manquent pas d'intelligence. Beaucoup sont libres de naissance ; ils savent parfaitement s'ingénier pour se créer des moyens d'existence. Ils se livrent à certaines industries ; la confection des paniers est un de leurs monopoles ; bon nombre vendent de la chaux et vont badigeonner les maisons. Les négresses servent tant qu'on veut pour 10 à 15 francs par mois ; elles arrangent les femmes aux bains maures et peuvent gagner jusqu'à 2 francs par jour à cette occupation. Beaucoup d'entre elles font des petits pains et les vendent dans les rues aux indigènes. Quand les négresses se marient, elles nourrissent leurs maris, et le mari paye la chambre. Souvent un nègre a deux femmes, de façon que l'une puisse aller vendre lorsque l'autre fait le ménage. En somme, les nègres forment pour notre colonie une excellente population. Ce sont les indigènes les plus laborieux, les citoyens les plus paisibles que nous ayons maintenant en Algérie. Ils sont musulmans comme les Arabes, mais n'ont rien de leur fanatisme ; ils n'ont pas même un attachement bien profond pour Mahomet, ni une dévotion très-grande dans les pratiques du Coran ; ils leur préfèrent les sacrifices de coqs aux bords des fontaines. Pour peu qu'on les y conviât, ils embrasseraient le christianisme et se conformeraient à nos institutions.

Il serait à désirer, dans l'intérêt de la colonisation, que les caravanes du Sahara nous en amenassent un plus grand nombre. Les
obstacles qui sont mis maintenant à la traite des nègres auront ce
résultat ; sans arrêter l'émigration des habitants du Soudan, ils lui
donneront un autre caractère, une autre direction ; les enfants du
Soudan, au lieu d'être vendus esclaves sur les côtes de la Cafrerie,
se présenteront libres aux portes de notre nouvelle colonie.

Toutefois, il paraît que rien ne manque aux nègres dans leur pays,
et que leur territoire est assez fertile. Ils ont même de l'or, mais n'y
attachent qu'un prix médiocre ; ils en trafiquent avec les marchands
des caravanes, qui, en échange, leur rapportent des coquilles de
mer, dont ils se servent pour leur monnaie. Ils n'admettent pas que
l'Algérie soit meilleure et plus civilisée que leur pays. « Les mar-
« chands de notre pays sont très-riches, disait un jour un nègre
« interrogé à cet égard ; tu y trouveras tout, excepté ton père et ta
« mère. » Les nègres se considèrent comme des hommes beaucoup
plus accomplis que les autres ; ils comparent les blancs à des *raisins
qui ne sont pas mûrs.*

DES JUIFS.

Les Juifs semblent être plus nombreux en Algérie que partout
ailleurs ; toutes les villes de la côte en regorgent ; ils sont très-
répandus dans le Sahara.

On les retrouve dans presque toutes les villes ; dans quelques-
unes même, ils ont leurs quartiers, leurs synagogues, leurs rabbins,
leurs écoles ; ils s'y livrent au commerce, particulièrement à celui
des étoffes ; beaucoup exercent le métier de teinturier, de cardeur
de laine ; un assez bon nombre sont orfèvres, armuriers, etc. Le
chef de leur religion prend le titre de cheikh. Ils vivent en assez
bonne intelligence avec les indigènes, à la condition de se conformer
aux lois du pays et de respecter les habitudes de leurs hôtes ;
mais il leur est défendu de monter à cheval et de porter le haïk ;
ils sont, en outre, astreints à se rouler un mouchoir noir autour de
la tête. Comme ils sont assez unis les uns aux autres, leur établissement dans la plupart des villes du Sahara leur donne de grandes
facilités pour le commerce.

Les Juifs de l'intérieur sont en relation avec ceux de nos villes maritimes ; ces derniers traitent avec nos commerçants et manufacturiers des villes de France ; ainsi, tout le commerce des indigènes de l'Algérie se fait par l'intermédiaire des Juifs.

Dans les premiers temps de l'occupation française, ce sont les Juifs qui, le plus ordinairement, nous ont servi d'intermédiaires. La langue française s'est plus rapidement répandue chez eux que chez les Arabes ; beaucoup ont quitté les vêtements orientaux pour s'habiller à l'européenne ; le gouvernement en a conclu qu'ils étaient civilisés, et on les a dès lors admis dans les milices nationales. Ce changement d'habits ne les modifie cependant qu'à l'extérieur ; au fond, ils sont toujours aussi sordides et aussi sales. Entrez dans une maison juive : telle elle était sous les anciens deys, telle on la trouve encore maintenant.

Les musulmans sont très-froissés de la position que nous avons faite aux Juifs de l'Algérie et des franchises que nous leur avons accordées. Ils acceptent notre domination ; ils s'y résignent ; mais ils ne comprennent pas que nous ayons assimilé à la leur une race aussi méchante que la race juive. Cette idée les révolte, et ils nous disent : « Les Juifs ont voulu crucifier Jésus-Christ ; mais ils n'y ont pas réussi : Dieu ne pouvait pas permettre que son prophète mourût ignominieusement sur la croix ; Dieu a donc substitué un autre homme à Jésus-Christ. Nous croyons que Jésus-Christ n'est pas mort, et cependant nous méprisons les Juifs à cause du crime qu'ils ont voulu commettre. Vous autres chrétiens, vous adorez Jésus-Christ comme Dieu ; vous croyez que les Juifs l'ont néanmoins crucifié. Pourquoi donc honorez-vous tant les Juifs ? Ils devraient, au contraire, mériter toute votre haine, beaucoup plus que la nôtre, puisqu'ils sont les ennemis de votre Dieu. »

La réhabilitation de la race juive, si méprisée des musulmans, nous a beaucoup nui aux yeux de ces derniers sans nous rattacher les Juifs. Ce serait une erreur de croire qu'ils nous sont très-dévoués. Sans doute ils avaient beaucoup à souffrir sous le gouvernement des Turcs ; mais aussi ils faisaient de grands profits et étaient presque seuls en possession du commerce. Or, pour un Juif, souffrir n'est rien quand il peut gagner de l'argent. Il est même à remarquer que le commerce étant sa principale préoccupation, s'il a des sympathies pour un peuple, elles seront pour celui avec lequel il commercera le plus avantageusement. Ne nous y trompons pas, les

Anglais valent beaucoup plus que nous pour les Juifs. Aussi nos officiers des bureaux arabes ont-ils remarqué, chez les Juifs de l'intérieur, des dispositions à devenir des agents anglais plutôt que d'utiles intermédiaires pour notre gouvernement.

Les Juifs trafiquent de tout; la moralité a beaucoup baissé chez ceux de l'Algérie depuis que nous y sommes entrés. Ils n'ont pas manqué de tirer parti, au détriment des mœurs, de cette circonstance que nous n'avions point pour leur race la même répulsion que les musulmans; et cependant un caractère de réprobation semble véritablement empreint sur tous les visages des Juifs de l'Algérie.

1852. — E. De Soye, imprimeur, rue de Seine, 36. — Paris.

www.ingramcontent.com/pod-product-compliance
Lightning Source LLC
Chambersburg PA
CBHW061115050726
47594CB00005B/1947